兒童文學叢書
・影響世界的人・

沙漠裡的孤兒

最後的先知穆罕默德

李　笠／著

倪　靖／繪

三民

國家圖書館出版品預行編目資料

沙漠裡的孤兒：最後的先知穆罕默德／
李笠著;倪靖繪. — 二版一刷. — 臺北市：三
民，2014
面；　公分－－(兒童文學叢書・影響世界的
人)

ISBN 978-957-14-4001-9　(精裝)

1.穆罕默德(Muhammad, 570-632) 2.傳記 3.通
俗作品

259.1

©沙漠裡的孤兒
——最後的先知穆罕默德

著 作 人	李　笠
繪　　者	倪　靖
發 行 人	劉振強
著作財產權人	三民書局股份有限公司
發 行 所	三民書局股份有限公司
	地址　臺北市復興北路386號
	電話　(02)25006600
	郵撥帳號　0009998-5
門 市 部	(復北店) 臺北市復興北路386號
	(重南店) 臺北市重慶南路一段61號
出版日期	初版一刷　2004年4月
	二版一刷　2014年3月
編　　號	S 781081

行政院新聞局登記證局版臺業字第○二○○號

ISBN　978-957-14-4001-9　(精裝)

http://www.sanmin.com.tw　三民網路書店
※本書如有缺頁、破損或裝訂錯誤，請寄回本公司更換。

多彩多姿的世界

（主編的話）

　　小時候常常和朋友們坐在後院的陽臺，欣賞雨後的天空，尤其是看到那多彩多姿的彩虹時，我們就爭相細數，看誰數到最多的色彩──紅、黃、藍、橙、綠、紫、靛，是這些不同的顏色，讓我們目迷神馳，也讓我們總愛仰望天際，找尋彩虹，找尋自己喜愛的色彩。

　　世界不就是因有了這麼多顏色而多彩多姿嗎？人類也因為各有不同的特色，各自提供不同的才能和奉獻，使我們生活的世界更為豐富多彩。

　　「影響世界的人」這一套書，就是經由這樣的思考而產生，也是三民書局在推出「藝術家系列」、「文學家系列」、「童話小天地」以及「音樂家系列」之後，策劃已久的第六套兒童文學系列。在這個沒有英雄也沒有主色的年代，希望小朋友從閱讀中激勵出各自不同的興趣，而各展所長。我們的生活中，也因為有各行各業的人群，埋頭苦幹的付出與奉獻，代代相傳，才使人類的生活走向更為美好多元的境界。

　　這一套書一共收集了十二位傳主（當然影響世界的人，包括了形形色色的人群，豈止十二人，一百二十人都不止），包括了宗教、哲學、醫學、教育與生物、物理等人文與自然科學。這一套書的作者，和以往一樣，皆學有專精又關心下一代兒童讀物，所以在文字和內容上都是以深入淺出的方式，由作者以文學之筆，讓孩子們在快樂的閱讀中，認識並接近那影響世界的人，是如何為人類付出貢獻，帶來福祉。

　　第一次為孩子們寫書的龔則韞，她主修生化，由她來寫生物學家孟德爾，自然得心應手，不作第二人想。還有唐念祖學的是物理，一口氣寫了牛頓與愛因斯坦兩位大師，生動又有趣。李笠雖主修外文，但對宗教深有研究。謝謝他們三位開始加入為小朋友寫作的行列，一起為兒童文學耕耘。

　　宗教方面除了李笠寫的穆罕默德外，還有王明心所寫的耶穌，和李民安所寫的釋迦牟尼，小朋友讀

過之後，對宗教必定有較為深入的了解。她們兩位都是寫童書的高手，王明心獲得 2003 年兒童及少年圖書金鼎獎，李民安則獲得 2000 年小太陽獎。

許懷哲的悲天憫人和仁心仁術，為人類解除痛苦，由醫學院出身的喻麗清來寫他，最為深刻感人。喻麗清多才多藝，「藝術家系列」中有好幾本她的創作都得到大獎。而原本學醫的她與許懷哲醫生是同行，寫來更加生動。姚嘉為的文學根基深厚，把博學的亞里斯多德介紹給小朋友，深入淺出，相信喜愛思考的孩子一定能受到啟發。李寬宏雖然是核子工程博士，但是喜愛文學、音樂的他，把嚴肅的孔子寫得多麼親切可愛，小朋友讀了孔子的故事，也許就更想多去了解孔子的學說了。

馬可波羅的故事我們聽得很多，但是陳永秀第一次把馬可波羅的故事，有系統的介紹給大家，不僅有趣，還有很多史實，永秀一向認真，為寫此書做了很多研究工作。而張燕風一向喜愛收集，為寫此書，她做了很多筆記，這次她讓我們認識了電話的發明人貝爾。我們能想像沒有電話的生活會是如何的困難和不便嗎？貝爾是怎麼發明電話的？小朋友一定迫不及待的想讀這本書，也許從中還能找到靈感呢！居禮夫人在科學上的貢獻舉世皆知，但是有多少人了解她不屈不撓的堅持？如果沒有放射線的發現，我們今天不會有方便的 X 光檢查及放射性治療，也不會有核能發電及同位素的普遍利用。石家興在述說居禮夫人的故事時，本身也是學科學的他，希望孩子們從閱讀中，能領悟到居禮夫人鍥而不捨的精神，那是一位真正的科學家，腳踏實地的真實寫照。

閱讀這十二篇書稿，寫完總序，窗外的春意已濃，這兩年來，經過了編輯們的認真編排，才使這一套書籍得以在孩子們面前呈現。在歲月的流逝中，這是多麼令人高興的事，我相信每一位參與寫作的朋友，都會和我有一樣愉悅的心情，因為我們都興高采烈的在一起搭一座彩虹橋，期望未來的世界更多彩多姿。

作者的話

　　任何宗教都有教化人心的功用，也都勸人為善。尤其在科學極度發達的現代社會，宗教除了固有的特色外，更扮演著一個穩定情緒的心理學家的角色。無論是伊斯蘭教的穆罕默德、基督教的耶穌、佛教的釋迦牟尼，在剛開始傳教時，都經過苦行、受當時人唾棄的遭遇，但他們都以堅毅的精神帶領人類走向更高一層的心靈平和的世界。

　　以此種角度來看集宗教家、社會改革家、政治家、戰略家、思想家於一身的伊斯蘭教先知穆罕默德，更可看出其身處逆境時忍辱、奮勇力為的精神。

　　伊斯蘭教，也就是我們所說的回教，起始於六世紀的阿拉伯半島。伊斯蘭的意思是「和平」、「服從」。

　　穆罕默德的先祖是猶太教的先知亞伯拉罕。亞伯拉罕的續絃哈吉爾帶著兒子依斯瑪儀到荒涼的希古茲谷地居住。此地後因駱駝商旅陸續來往，人口漸增，成了後來所知的「麥加」。

　　穆罕默德出生前，父親就已過世，母親又早逝。生活困苦，不曾入學。所幸他的祖父和伯父給了他充沛的愛。然而，一個孤兒在貧瘠的環境中成長，需要堅實的勇氣與毅力。這也養成他特別照顧弱勢及孤苦貧窮者的胸襟。

　　穆罕默德所處的阿拉伯時代，重男輕女，女嬰出生沒多久就被丟到荒郊野外。重富欺貧，存在著許多不公義的行為和制度，事事以武力解決。因此，當穆罕默德宣揚新的宗教時，所面臨的是整個傳統制度下無比的壓力和危險。

　　穆罕默德四十歲接受天啟，整個人生因此而改觀。捐棄個人，凡事以群體考量為優先，他將所有的精神、體力與財力奉獻給他所信仰的宗教以及需要幫助的人民。

　　阿拉經由他所降下的啟示，他以口述方式流傳下來，這就是伊斯蘭

教經典《古蘭經》。

　　穆罕默德也以他自己的話留下了許多箴言：一切事業成敗，取決於意志的堅持與否；不要損人利己；也不要害人害己，發怒者，當坐下，怒不息，當臥下；好的教育，是父母對兒女最大的恩惠；你們當中最優秀的是那些對妻子有禮者；你們慈愛在地之人，上天之人必慈愛你們……

　　《古蘭經》和穆罕默德的箴言錄為伊斯蘭教徒設下了一個生活規範的準則，面對困難，不畏難；受屈辱，想方法去解決，帶領穆斯林走向一個相互扶助的社會。

　　他所留下的，不是龐大的遺產、功利的主張，而是豐盛的精神指引，以及為了追求理想，所發揚的大智大勇精神。

　　由於時日漸久，解釋宗教教義及經典者，或多或少加上了自己的意見與主張，與宗教最初的面貌或有不同，因此，當我們面對一個宗教，要嘗試去探究它最早的起源精神，才能一窺宗教真實之貌。

　　寬容與愛，是宗教賦予人類最珍貴的寶藏。我如是信服。

穆罕默德

我只是一介凡夫，
是人類中的一分子，
和你們都沒有差別。
在阿拉面前，
所有人都是平等的。
我死後，
千萬不要像神祇一樣膜拜我，
只有真主才值得崇拜。
我的肉身雖不在了，
精神卻永遠與你們同在。

先知誕生，親人早逝的幼年

哈希姆族的穆塔里布，是一個沒落貴族的族長，年近四十歲還沒有孩子。他虔誠的向萬神廟裡的阿拉祈禱後，妻子果然一連生了十個兒子，因此他矢志終其一生信奉阿拉。

在他最小的兒子阿布都拉結婚時，他已經是個七十多歲的老人了。阿布都拉的妻子阿蜜娜，婚後不久就懷孕了。阿布都拉為了讓妻兒過好日子，決定趁孩子還沒出生前到外地經商賺錢。不幸卻在回程途中，病死異鄉。

穆塔里布頓失幼子，非常的傷心，每天到卡爾白天房祈禱媳婦能順利生產。西元 570 年 8 月 2 日，阿蜜娜生了一個小男孩，穆塔里布替孫子取名「穆罕默德」，阿拉伯文是「受稱讚」的意思。

穆罕默德的故鄉麥加城，位於阿拉伯半島，西臨紅海，屬於沙漠地形，少有農作物，居民多以放牧維生。當地人習慣把

3

小孩子交給游牧人撫養，希望藉由四處放
牧，鍛鍊出孩子適應大自然的體魄。因為
阿蜜娜家貧，一直沒有人願意接養穆罕默
德。當她正苦惱的時候，游牧女麗娜來到
她家。阿蜜娜對麗娜說：「我們雖然窮，賞
賜不豐，但是，穆罕默德是個好孩子，會
帶給妳好運的。」

　　說來奇怪，自從接養穆罕默德後，麗
娜飼養的駱駝，突然奶水充沛，放牧的草
地也變得茂盛，她直覺穆罕默德不是個普
通的孩子。

穆罕默德五歲時，離開游牧家庭，回到母親身邊。祖父一見到他，說他長得越來越像爸爸，他張著眼睛問祖父：「我的爸爸是誰呢？」

　　穆塔里布嘆口氣，說：「你的爸爸是個勇敢又仁慈的人。他去外地經商，途中生重病而過世，他外出前一直惦記著要趕回來的……」

　　一旁的阿蜜娜聽了，傷心得哭了。穆罕默德走向媽媽，輕輕擦掉她的眼淚。雖然他從沒看過爸爸，但他相信爸爸不會願意媽媽和他在傷心中過日子，他告訴自己一定要勇敢。

　　穆罕默德六歲時，媽媽因病去世。八歲時，最疼愛他的祖父也去世了。穆罕默德成了孤苦無依的孤兒，最後由伯父塔里布擔起撫養他的責任。由於雙親早逝，穆罕默德的心思比同年齡的孩子還要敏銳。懂事的他為了減輕伯父的生活負擔，常常幫忙伯父牧羊；遇到挫折，也從不抱怨。一日，伯父要領商隊到敘利亞，十二歲的穆罕默德要求讓他跟著去。

　　「我可以在隊前引領駱駝，也可以看顧貨物，叫我做什麼都行。」

伯父說：「出外不比在家，你還是個孩子，這……」

「我會照顧自己，不拖累大家的。伯父，我可以忍受任何艱苦！讓我一起去好嗎？」穆罕默德說完，伯父凝著眉不說話。

「伯父，你知道，那是我父親生前走過的最後一條商路。」穆罕默德望著伯父，眼睛裡閃著淚光。伯父攬著穆罕默德的雙肩，稱讚他是個好孩子。考慮了很久後，終於答應讓他同行。

往敘利亞的路上，闊野無垠的沙漠連綿不絕。很久很久才經過一個綠洲，緊接著又是一片荒漠，白天熱得像要脫掉一層皮，夜晚時卻涼得像浸在冰水裡。

沙漠的底端住著什麼人？他們跟我們吃的一樣、穿的一樣嗎？穆罕默德靜靜的領略大自然中人與事的變化，並仔細觀察大人如何交換貨品做買賣。

　　行經阿拉伯半島第一大
城烏卡茲時，剛好遇到每
年例行的大集會。有商人
推銷貨品、各部落詩人朗誦
詩歌，也有猶太教及基督教徒
傳布他們的教義，並批評阿
拉伯人的多神信仰。這趟遠
行，不僅讓穆罕默德學習
到商人買賣的技巧，也見
識到異教徒的傳教方式和
世界的遼闊。

建立家庭，展露聰明智慧

　　跟著伯父到處經商，經歷過幾次氏族間的戰爭，穆罕默德漸漸成為一位勇敢、有智慧的青年。成年後的穆罕默德，是個身材中等、皮膚呈深棕色的男子。他有著深邃的眼睛，高挺的鼻子和寬闊的嘴巴。頭髮捲曲濃密，體格瘦而結實，還留著大鬍子呢！

　　這年，城中一位富有的四十歲寡婦哈蒂嘉，要僱人運貨到敘利亞。穆罕默德聽說後，便上門應徵。做事謹慎的哈蒂嘉跟他說：「來應徵的人太多了，等決定了，再通知你。」私底下則找人打聽穆罕默德的為人。

　　「他的外號叫忠實者。有次跟人相約見面，對方忘記了。等記起來，匆匆趕去時，發現他居然還在等。那已經過了兩天了呢！」

　　「他非常喜歡小動物，連小貓睡在身上，都捨不得抱下來，怕吵了牠！」

「在路上碰到乞丐，即使剩下最後一塊麵包，他都會施捨出去！」

「做生意不偷斤減兩，寧可吃虧，也不占人便宜！」

見過穆罕默德，又聽到族人的好評，哈蒂嘉決定僱用他。

穆罕默德憑著沉著的性格和敏銳的頭腦，賺了一大筆錢。回到麥加後，他向哈蒂嘉報告獲利狀況。穆罕默德有條不紊的說明此次交易情形和沿途所見風光，他的穩重與誠實，深深吸引著哈蒂嘉。

哈蒂嘉的父親死於戰爭，家裡的一切都由伯父伊本決定。當伊本知道姪女愛上穆罕默德後，便約塔里布見面，希望兩家結成親家。婚事談成後，二十歲的穆罕默德便依照習俗，以二十頭駱駝為聘禮，娶哈蒂嘉為妻。婚後，夫婦倆一共生了兩個兒子和四個女兒。令人悲痛的是穆罕默德的兩個兒子在幼兒時期因為重病來不及醫治而過世。失去兒子對穆罕默德來說是個殘酷的打擊，讓他非常的傷心。

　　鄰家的小男奴阿德常來找穆罕默德。有一天，他告訴穆罕默德，家人已送來贖金，就要帶他回家了，但他想留在麥加。他說：「我已經把你當成最好的朋友了，我不想離開你。」穆罕默德聽了很感動，問過阿德和他主人的意願，並得到阿德父母的同意後，穆罕默德送阿德父母雙倍於贖金的金錢，收養阿德為義子。阿德脫離奴隸之身，又能留在穆罕默德的身邊，高興得大叫。穆罕默德有阿德為子，暫時減緩了他失去兒子的傷痛。

　　雖然個人生活漸漸穩定，但是氏族間的衝突卻常一觸即發。這一年，麥加聖地的卡巴天房牆壁有些剝落，石塊鬆了，屋頂也破了。麥加人想重新整理修建一番，差點又引起氏族間的仇視，幸賴穆罕默德的智慧化解一場可能的流血衝突。

　　傳說，卡巴天房由亞伯拉罕和小兒子依斯瑪儀所建立，是高十五公尺、南北寬十公尺，東西長十二公尺的立方體建築，正面豎立一塊高約十五公尺的黑石，天房內則供奉古阿拉伯萬神中的阿拉。聖地所在，沒人敢率先移動任何物品，深怕驚動

10

　　了神靈而招惹災禍。城內的四大族族長開
會後，決定先向阿拉祝禱，說明此次工程
的必要性，然後分層負責。先拆下損壞的
牆壁、清洗天房四周，再修補屋頂，所有
的工作都完成了，最後只剩下要將天房前
的聖石復位。聖石只有一塊，大家都認為
自己最有資格，誰也不讓誰，爭論了五天
後，場面越來越火爆。

　　一位長老說：「既然僵持不下，就讓今
天第一個走進天房的人來決定好了。」大家
覺得這不失為一個公平的方法。

三十五歲的穆罕默德剛從外地回來。一進城，就聽到天房重建和爭吵的消息。他不以為意，依照凡是外地歸來的人，都必須先朝觀的往例，直接走向天房。

「是穆罕默德，他一定能幫我們解決這個難題！」

「沒錯！他向來不說謊，也最公正，就聽他的。」

「對！我們看他怎麼說。」

眾人對穆罕默德寄予重望，他也深知聖石是麥加鎮城之石，稍一疏忽，足以擴大氏族間的猜忌與爭執。他想了想，然後請人拿一塊大黑布，把聖石放在中央，請四個氏族的族長拉住黑布的四角，一起把聖石放回原位。如此一來，每個氏族都分享了榮耀，大家都非常滿意穆罕默德的決定。

三　接受天啟，傳布阿拉教義

穆罕默德常常想起自己的童年生活。最疼愛他的祖父，即使在去世前，仍然念念不忘要他信奉阿拉，可是阿拉伯人是多神崇拜者，有能力的氏族又熱衷於爭權奪利，富的越富，窮的越窮。另一方面，猶太教和基督教徒建立了多所聖殿，掌控麥加的經濟與政治，漠視阿拉伯弱勢族群。穆罕默德想團結所有的族群，但他只是一個普通的商人，力量實在有限啊！

為了尋找心裡的安寧及苦思解決族群紛爭的方法，穆罕默德開始到城外的希拉山靜修。

一早，帶著簡單的乾糧，爬上山頂，向上仰望，山高，雲高，天更高。再向下看，一切都變小了。即使空間相同，一旦視角改變，所見的景觀就完全不一樣了。人真是渺小啊！他有時覺得自己力量微不足道，有時又覺得他可以盡一己之力，為族人謀福祉。

　　穆罕默德清修的時間越來越頻繁。一年一年過去，轉眼間，他四十歲了。

　　這日，他照常在希拉山靜修，到了半夜，突然感到陣陣強光照入洞內。他起身往外走，看見有個人全身籠罩在光圈裡。

　　「穆罕默德，我是天使加百利，你是神的使者，宣讀吧！」加百利展開他手裡的經文。穆罕默德揉揉眼睛，心裡自問：這是怎麼回事？是作夢嗎？

　　「你宣讀吧！」加百利又說。穆罕默德嚇得說不出話。

　　「你的主無所不知啊，祂教人用筆寫字，教人讀書，你宣讀吧！」

15

　　他心想，這個半夜出現的加百利到底是誰？為什麼說他是神的使者？他越想越害怕，轉身就往山下衝。

　　「你是神的使者……」加百利聲如洪鐘，響徹山谷。穆罕默德不理他，加緊腳步快跑。

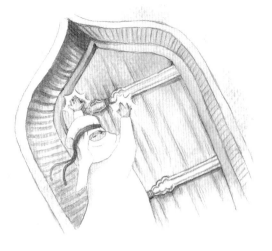

終於到家了。他大叫:「開門！開門!」哈蒂嘉一開門，他連忙躲到房裡去。

「你怎麼臉色發白，一直發抖？身體不舒服嗎?」她趕忙關上門。

「給我毯子，我好冷呀!」

「發生了什麼事?」她幫他蓋了三條毯子，他才稍微停止顫抖。

穆罕默德說起他的奇遇:「我一定是招惹山上的精靈了，我完了!」妻子緊緊握住他的手說:「你不要慌。你對人一向仁慈，樂於幫助窮人，不要自己嚇自己。加百利要你讀的是什麼?」

「我嚇呆了，不記得了，好像說我是神的使者，行善濟貧的人進入天堂……」

「穆罕默德，行善濟貧不就是你一直想做的事嗎?」

妻子說得沒錯，穆罕默德想了好久，也請教了妻子有學問的哥哥。多年來他早想打破麥加崇尚多神、貧富不均等種種陋習，如果這是神的啟示，他將奮勇力為!

四 遷徙麥地那，拓展新局面

為免於多神信仰者及猶太教和基督教徒的疑慮，穆罕默德選擇在希拉山祕密傳教。許多厭惡資本家壟斷社會資源的人、低下層社會以及長期受壓迫的弱勢族群紛紛去聽他傳教，越來越多的人相信他是先知，傳布阿拉的教義。

四年後，穆罕默德認為時機成熟了，決定公開傳教。他定教名為伊斯蘭教（意為順服阿拉），信徒稱為穆斯林（意為服從創世者）。主張打破貧富不均，揚棄多神崇拜，阿拉是唯一的神。

伊斯蘭教的教義吸引了許多群眾，這引起其他氏族的恐慌，尤其是最大的氏族古銳氏，深怕穆罕默德這股力量會瓦解他們長久來把持的政經優勢，因此，古銳氏決定採取行動。先是帶了許多金銀珠寶，送給穆罕默德的伯父，被拒絕後，又在路上拿大石頭攻擊穆罕默德，還躲在暗巷裡拿棍棒打他。穆罕默德倒了再爬起來，默默的承受，也不找人理論。他明白，很多事並不能用武力解決，需要時間與耐力。

古銳氏又宣告說：任何信奉伊斯蘭教或是提供傳教場所的人，將遭受最嚴厲的報復。為求自保，人人緊鎖大門。古銳氏又聯合其他氏族，指控穆罕默德背棄傳統宗教，信仰一神阿拉，詆毀其他神祇。抵制他和他所屬的哈希姆族，不得與任一氏族聯姻、買賣等，試圖以孤立的手段，阻斷穆罕默德和穆斯林的後路。

穆斯林請求穆罕默德報復，他反對：「阿拉警告，禁止相互敵對，不能仇殺，不能欺強凌弱，不能侵犯他人。」為免穆斯林和無辜的民眾受害，穆罕默德又回到希拉山祕密宣教。

　　為了傳教，穆罕默德散盡家財，不久，妻子又去世了，出嫁的女兒也遭受歧視而被趕回家，最支持他的伯父塔里布也老病而亡。接二連三的打擊，讓他覺得快撐不下去了。一夜，他昏沉沉的睡去，天使加百利又帶來了阿拉要他振作的啟示。一覺醒來，他決心拋開個人情緒，再困難也要為阿拉挺身而出。

　　一次，十多名麥地那人到麥加旅遊，無意中聽到穆罕默德的宣教，他們深受感動，決定改變信仰，相約一年後，如果決心未變，將帶更多人皈依伊斯蘭教。一年後，麥地那人依約前來，並邀請穆罕默德遷徙至麥地那。

　　幾經籌劃安排，穆罕默德和麥地那人

　　簽訂誓約：「服從穆罕默德，兩地穆斯林結拜為兄弟，禍福與共，永不離棄。」

　　西元 622 年，為分散古銳氏的注意，穆罕默德故意四處傳教。兩百多名穆斯林和他們的家人，則連夜遷徙至麥地那。7月 16 日，穆斯林掩護穆罕默德抵達麥地那（伊斯蘭教訂此日為伊斯蘭教的元旦）。

麥地那的居民散居四處，各部落都有屬於自己的耕地和居住範圍，對於外人的入侵，都採取強烈的阻擋手段，但卻以比較開放的態度接受穆罕默德和穆斯林。因為各部族人口增加，所需的資源也相對增多，部落之間為了爭取食物和土地，常常發生糾紛，他們認為穆罕默德是外來的第三者，可以比較客觀的當他們的仲裁者。另一方面，穆罕默德亦趁此多方了解各部落的情形，並得知當地擁有勢力的猶太教和基督教徒打算聯合他來對抗對方。在這種複雜的環境中，穆罕默德不怕困難，決定要在麥地那開創一番新局面。

五 融合互助，成立伊斯蘭教社會

穆罕默德幾經思索，在政治地位最低下的一個部落，以高於市場的價錢，買了一棟破舊的房子，改建成清真寺，作為穆斯林朝拜阿拉以及處理各項事務的宗教和活動中心。

由於在麥加受到排擠，穆罕默德體驗到團結的重要。對內，他要求穆斯林秉持對阿拉的信仰，富有的要幫助貧困的，遇有其中一人家有困難，其餘的人都要傾力相助，並將自己的才能教導給其他人。對外，他拜訪了猶太教及基督教長老，為表示友善，他規定穆斯林每日面向耶路撒冷朝拜三次，以示他們和基督教及猶太教徒有共同的目標。

他的生活極為簡樸，寧願自己窮苦，也要盡全力滿足有求於他的人。他也是個好丈夫好父親，洗衣、燒飯、牧羊、修理房舍等等雜務，他都親力親為。無論是商人、牧人、農夫、奴隸或乞丐，他不諂媚

不歧視，一律平等對待。他以身作則，穆斯林以他為榜樣，彼此真誠相待，不欺瞞不自私。在穆斯林生活的範圍內，聽不到吵架爭執的聲音，也看不到大打出手的情形。麥地那人對這群信仰阿拉的穆斯林產生了極度的好感。

麥加和麥地那的穆斯林，雖然血緣不同，卻因為信仰而結合，共同建立了伊斯蘭教社會。當穆斯林族群逐漸形成一股勢力後，穆罕默德便和勢力最龐大的猶太族締結盟約，約定彼此不互相攻擊，遇有外侮，要共同抵抗。穆罕默德也准許穆斯林可以娶猶太女性為妻，也像猶太人般在救贖日禁食。由於彼此的尊重及穆斯林嚴謹的態度，每遇有重大事件，都由穆罕默德出面協調解決。久而久之，奠定了穆罕默德在麥地那的地位。

25

城裡有位猶太首富不認為穆罕默德有多大的能耐，要他以神力將兩棵大樹移到自己的面前。穆罕默德煞有其事的喃喃自語，可是兩棵大樹文風不動。於是他拉著首富跑到大樹前面，說:「看！這兩棵大樹不就在你面前了嗎？」

首富佩服他的機智與勇氣，改變了對穆罕默德的印象，也對穆斯林間團結合作的情誼讚賞有加。漸漸的，有些猶太教和基督教徒，搬到了穆斯林居住的區域。穆斯林伸出歡迎的雙手，幫助他們建立新的家園。

伊斯蘭教的勢力越來越大，讓麥加城的古銳氏深感恐慌。兩年後，古銳氏聯合阿拉伯半島其他部落，打算在白爾德地區和穆罕默德決一死戰。古銳氏有兩千餘士兵，穆罕默德只有四百名。穆斯林勸穆罕默德在寡不敵眾的情形下，還是撤退吧！穆罕默德心裡也明白，要打贏這場戰爭，比登天還難。但是，如果撤而不戰，士氣會一蹶不振，以後將很難繼續在阿拉伯地

26

區傳播伊斯蘭教。於是，他鼓舞穆斯林士兵為「阿拉」而戰，戰士們聽到了，莫不勇氣百倍，終於贏了這場戰役。

這場勝戰卻嚇壞了一些有錢有勢的猶太人，深怕氣勢日盛的穆斯林會奪去他們的財產和地位。於是暗中散布流言，詆毀伊斯蘭教，說他們是好戰之徒。穆罕默德得知情況後，要求穆斯林要更謹言慎行。另一方面，他宣布：「以後不再朝拜耶路撒冷，穆斯林全部面對麥加的卡巴天房方向朝拜。」

猶太人和穆斯林的對峙開始越演越烈了，雙方不時爆發大大小小的衝突，雖然都解決了，但彼此之間的和平意識也愈來愈薄弱。猶太教徒最後串通了古銳氏和其他阿拉伯部落，計劃除掉穆罕默德。穆罕默德事先接獲情報，先以離間計使對方軍心渙散，再用迅雷不及掩耳的速度擊敗敵人。自此，伊斯蘭教成了麥地那的主要宗教信仰。

六 建立社會制度，完成先知使命

伊斯蘭教在麥地那的地位鞏固後，穆罕默德認為有秩序的規範，才能使社會步上軌道，因此他根據阿拉多次的啟示，制訂了一些法律。例如：將男子無限多妻制改為最多只能娶四位妻子，並要擔負起養家及善待妻子的責任。個人與家庭擁有財產支配權，不必受制於氏族長老，女人和孩童也有財產繼承權。不准飲酒和賭博，違反者要受重罰等。

漂泊異鄉多年，穆罕默德其實很想念家鄉，他決定率領穆斯林回麥加朝聖。消息傳出後，麥加全城戒備森嚴。古銳氏認為穆罕默德假朝聖之名，要殲滅麥加，於是派出數百名士兵，擋住入城要道。

穆罕默德派奧斯曼為使者，遊說古銳氏族長：「我們專程前來朝聖，何必大動干戈呢？」

族長說：「如果你們想趁機消滅我們，最好馬上離開，否則，別怪我們不客氣！」

　　奧斯曼不氣餒，一直遊說古銳氏，可
是都得不到對方的同意，最後竟然還被關
起來。穆斯林得知後非常氣憤，要求穆罕
默德舉兵攻城。穆罕默德沉思了一下說：
「他們已經誤會了，不能再加深他們對我
們的誤解，戰爭並不是解決事情的最好方
法。」穆斯林不滿意穆罕默德的作法，鼓譟
著要馬上出兵。大將軍貝克爾勸大家說：
「魯莽鬧事，以後就很難有機會到天房朝
聖了。」並自請為使者，去和古銳氏談判。

　　古銳氏自知理虧，不該關住使者；也知道穆罕默德帶領上千人駐紮麥加城外，真要攻城，是輕而易舉的事。經過談判協商，雙方簽下協議：「明年此時，穆斯林到天房朝聖三天，穆罕默德允諾不帶兵器入城，朝聖完畢，馬上離開麥加城。雙方停戰十年。」

　　一年的時間很快就過去了。古銳氏依照協議，大開城門。穆罕默德率領近萬名

穆斯林朝觀卡巴天房。離開麥加七年，見到久別的親人、熟悉的地方，又能到天房朝聖，穆斯林心中澎湃不已，長久以來，等待的就是這一天啊！

　　穆罕默德帶領穆斯林，吼著「萬物非主，唯有阿拉」，以聖石為起點，繞行天房。麥加人因為穆罕默德信守諾言、穆斯林之間的和善相處與對阿拉忠誠擁護而感動，很多人就在這時改信了伊斯蘭教。

朝觀完畢，穆罕默德依約出城回到麥地那。此時古銳氏內部主戰派，趁穆斯林心防鬆懈，舉兵攻擊麥地那。敵軍來得太快，穆斯林措手不及。穆罕默德斥責古銳氏破壞十年不戰的協定，率領上萬穆斯林士兵反擊。

33

　穆斯林將士來勢洶洶，古銳氏軍隊陣
腳大亂，邊戰邊退。夜裡，穆斯林軍帳外
豎起一萬多支火把，他們大聲吼叫：「萬物
非主，唯有真主。穆罕默德，是主使者。」
古銳氏面對氣勢如虹的穆斯林，心中產生
恐懼，軍隊首領紛紛逃離駐紮地。天亮之
後，所剩無幾的古銳氏軍隊，棄械投降。

收復麥加後，穆罕默德請人清除天房內所擺設的各類偶像，只保留了聖石作為伊斯蘭教的聖物。

二十多年來的奔波煩勞，穆罕默德已經又老又累了。他趁著還有點體力，再次率眾朝覲麥加，繞行天房，直呼著：「阿拉真主，我要來服侍您了。」

穆罕默德的身體愈來愈虛弱，再加上大病一場，他自知來日無多，召來女婿阿里，聲音微弱的說：「去叫大家來。」

在戰場屢建奇功的大將軍貝克爾、義子阿德、女婿阿里、四位女兒和穆斯林長老們圍在穆罕默德身邊，每個人都憂心的看著他。穆罕默德的眼睛從每個人臉上掠過。心想：為了追求一份真理和改善人民生活，他奉獻自己的一切給信仰的阿拉，如今，伊斯蘭教已成為阿拉伯半島上的主要宗教，阿拉伯人的先祖依斯瑪儀和亞伯拉罕所建立的第一座天房，也成為穆斯林朝觀的聖殿。他已完成了阿拉交付給他的先知使命了。

他長嘆了一口氣：「阿拉說，人生就像旅行，在樹蔭下乘涼，轉眼間就會離去。我已經到了要離去的時候了。我只是一介凡夫，是人類中的一分子，和你們都沒有差別。在阿拉面前，所有人都是平等的。我死後，千萬不要像神祇一樣膜拜我，只有真主才值得崇拜。我的肉身雖不在了，精神卻永遠與你們同在。」

西元 632 年 6 月 8 日，穆罕默德在信徒與親人的看護下，平靜的離開了人間。

穆 罕 默 德 小檔案

570 年　誕生於麥加城。

575 年　五歲時，離開游牧家庭，回到母親
　　　　身邊。

576 年　母親病逝。兩年後，祖父去世。

582 年　十二歲時跟隨伯父到敘利亞。

590 年　以二十頭駱駝為聘禮，娶哈蒂嘉為妻。

605 年　以智慧平息聖石復位的紛爭。

610 年　接受天啟，傳布阿拉教義。

614 年　決定公開傳教，定教名為伊斯蘭教（意為順服阿拉），信
　　　　徒稱為穆斯林（意為服從創世者）。主張打破貧富不均，
　　　　揚棄多神崇拜，阿拉是唯一的神。

622 年　為分散古銳氏的注意，穆罕默德故意四處傳教。兩百名
　　　　穆斯林連夜遷徙至麥地那。7 月 16 日，穆罕默德抵達麥
　　　　地那。

630 年　收復麥加，清除天房內所擺設的各類偶像，只保
　　　　留了聖石作為伊斯蘭教的聖物。

632 年　在信徒與親人的看護下，平靜的離開了
　　　　人間。

寫書的人

李 笠

本名李淑蘭。淡江大學西語系畢業。1987 年旅
居美國至今。對宗教、神話、童話及哲學領域極有興
趣，喜歡閱讀、靜思冥想、聆賞音樂、倘佯大自然。
曾任聖路易中華語文學校教師及副校長、美中西區華人學術聯
誼會人文組召集人、《人間福報》覺世副刊專欄作家。曾獲臺灣文
學獎、海外華文著述獎、海華文藝季文學獎及海外華文優良教師獎。
著有小說《回溯的魚》、《後三十女人》及散文《老鷹之歌》。

畫畫的人

倪 靖

學裝潢設計出身的倪靖，曾任職於各類廣告公司，大學期間即開始無間
斷的從事兒童插圖的創作。比起商業美術，她更鍾情於可以不斷變換
畫風、充滿感性的兒童插畫。
倪靖愛自然，愛運動，愛孩子和動物，愛各種新奇的東西。希
望能走遍這充滿繽紛色彩的世界，把對生活的激情不斷融
入自己的作品中。